A CÍTRICA LITERÁRIA Ensaios, Traduções & Dramaturgia

AMAZÔNICA

Amazônica
Peça teatral

Léa Chaib

1ª edição, São Paulo, 2020

LARANJA ● ORIGINAL

Foto Jacqueline Gallo

Encenada pela primeira vez no Teatro do Sesc Belenzinho, São Paulo, de 21 de maio a 10 de julho de 2005.

Recebeu a indicação para o Prêmio Coca-Cola FEMSA Brasil em 2005 nas seguintes categorias:

Pesquisa e Releitura dos Rituais Indígenas: Léa Chaib
Melhor Cenário: Kleber Montanheiro
Melhor Iluminação: Kleber Montanheiro
Autora Revelação: Léa Chaib

O elenco foi composto por:

Camilo Brunet	AMBORÊ / CURUMIM / LUA
Cesar Figueiredo	HOMEM BRANCO (CARAÍBA) / SOL
Fábio Brasil	ULÊ / CURUMIM / CERVO
Fernanda Sanches	ARARUANARA / PAPAGAIA / IMARÊ
Léa Chaib	COBRA GRANDE / ONÇA ACANGUÇU
Luciano Brandão	GAVIÃO REAL
Mazé Portugal	ARARUNA / PAPAGAIA / ILARÊ
Sílvia Handroo	PAJÉ

Texto	Léa Chaib
Direção, cenário e figurino	Kleber Montanheiro
Codireção	Nicole Aun
Direção musical e preparação vocal	Sílvia Handroo
Direção de produção	Mazé Portugal
Adereços	Michele Rolandi, Bira Nogueira e Adriana Chung
Cenotécnica	Rubem Mário Maia
Assistente de iluminação	Duane Bin Nogueira
Costureira	Euda
Elenco	Grupo Serial Cômicos com a participação especial de Sílvia Handroo

Esta peça de teatro foi livremente inspirada em pesquisas sobre o universo indígena. Os ritos indígenas são compostos por movimentos sagrados que reúnem sons, gestos, pinturas e adornos de modo a colocar seus participantes dentro do Eixo do Mundo.

Este Eixo mantém a tradição de um povo. Cada etnia possui a sua própria cosmogonia, a sua própria visão da criação do mundo personificada nos elementos naturais.

Os indígenas no Brasil, segundo dados do IBGE, contam com uma população de cerca de 600 mil indivíduos pertencentes a mais de 200 etnias que se expressam em 180 idiomas diferentes. Habitam todo o território nacional. Mas a sua concentração está nas regiões Nordeste e Norte.

PERSONAGENS

Pajé

Ilarê – Curumim

Imarê – Curumim

Ulê – Curumim

Amborê – Curumim

Homem Branco ou Caraíba

Cobra Grande

O Sol

Papagaias

O Lua

Araruna

Araruanara

Doente

Gavião Real

Onça Acanguçu

Cervo

Os indígenas estão dançando e cantando em um ritual. Entra o pajé com duas curumins doentes. Todos se sentam ao seu redor. O pajé solta umas baforadas de fumo. É lua cheia.

PAJÉ – Um sonho veio me avisar que um de vocês será o escolhido para continuar o meu trabalho. Todos sabem que ele é muito importante para a aldeia. O pajé é o mediador entre os espíritos e o povo. É ele quem cura, interpreta os sonhos e protege a aldeia contra as ameaças externas. Imarê e Ilarê estão muito doentes. No meu sonho, um de vocês irá trazer a planta que cura essa doença. Vocês ficaram um mês inteiro na casa dos homens se preparando para o ritual da maioridade. Vocês aprenderam as artes da caça, da pesca e da sobrevivência na floresta. Agora chegou o momento em que terão de passar uma semana inteira na selva. Aquele que trouxer para a aldeia uma boa caça para ser dividida por todos, e um presente para os mais velhos, será considerado um homem. Aquele que trouxer a cura para a doença das curumins, será o novo pajé. Lembrem-se: a natureza é nossa mãe, nossa amiga. Não devemos tratá-la como um inimigo e devemos respeitá-la. Temos de ouvir o que ela tem a nos dizer. Temos de escutar os sinais que nos rodeiam. Há muitos perigos para quem não consegue entender os sinais. Agora, cada um de vocês está pronto para sobreviver uma semana na floresta. Vão, meus filhos. Escutem a Mãe de todos. E que o Grande Espírito os acompanhe.

Todos pegam seus arcos e flechas, suas redes e alguma provisão e vão para a floresta. Saem de cena. Entram em cena dois garotos, Ulê e Amborê, seguidos por dois papagaios.

ULÊ – Amborê, aqueles papagaios estão nos seguindo desde que entramos na floresta. O que será isso?

AMBORÊ – Vai ver eles querem que a gente os leve para a aldeia como presentes!

ULÊ – Mas que presentes mais mixurucas! Papagaio tem em todo lugar. Eu queria mesmo era levar para a aldeia um lindo cocar de penas. Bem colorido.

AMBORÊ – Mas a gente não sabe o que os papagaios querem...

ULÊ – É, a gente não sabe. Mas e se eles querem mostrar para a gente a planta que pode curar a Imarê e Ilarê?

AMBORÊ – O pajé parecia preocupado com elas... Somente os escolhidos podem entender as falas dos animais.

ULÊ – Eu não sou o escolhido. Mas eu acho que eles querem falar com a gente.

AMBORÊ – Vamos dar a eles essas sementes para que eles fiquem nossos amigos.

ULÊ – Boa ideia. Tsc, tsc, tsc... Papagaios, comam aqui com a gente!

AMBORÊ – Parem de voar em cima da gente! Eles querem é brincar...

ULÊ – Será que eles repetem o que a gente fala?

AMBORÊ – Claro que sim! Todo papagaio gosta de repetir.

ULÊ – Eu estou ficando com fome.

Pega uma planta e come com o Amborê.

AMBORÊ – Eu estou ficando com fome de peixe. Vou ver se pesco um tucunaré e aproveito para pegar um boto que possa levar à aldeia.

ULÊ – Depois o boto pode querer se transformar em um rapaz... sei não... Eu quero é caçar um grande cervo para todo mundo comer.

AMBORÊ – Pois eu gosto mesmo é de pescar.

ULÊ – O Grande Espírito da floresta protege os que são mais corajosos. E, para provar a nossa coragem e ser protegido por ele temos de nos separar. Sozinhos vamos provar que somos mais valentes!

AMBORÊ – Então, tchau!

ULÊ – Você vai para onde?

AMBORÊ – Vou para perto do rio.

ULÊ – Cuidado com a Cobra Grande.

AMBORÊ – Ela é um dos nossos antepassados. Quem sabe ela me ajuda a pegar um boto.

ULÊ – Sim. Ela até pode ajudar. Mas tem a sucuri que é muito perigosa. Ela gosta das águas claras e rasas, onde fica se esquentando.

AMBORÊ – Pode deixar. Eu sei disso. Devo provar que sou corajoso e não burro. Até logo! Nos encontramos no final da lua cheia, na aldeia.

ULÊ – Leva os papagaios com você.

AMBORÊ – Se eles quiserem vir, eles virão.

Amborê parte. Sai de cena. Ulê fica sozinho.

ULÊ – Pelo jeito os papagaios querem ficar comigo.

As papagaias rodeiam Ulê e indicam uma clareira.

ULÊ – Esses papagaios querem me dizer alguma coisa. Vou segui-los.

Ulê caminha pela floresta. Encontra algumas árvores queimadas.

ULÊ – Será que andou chovendo nessa região e caiu um raio aqui?

Ulê escuta alguns barulhos desconhecidos. É um homem branco que está destruindo a floresta com suas queimadas. Ulê o observa.

HOMEM BRANCO (*cantando*) –

Brasa, cinza...
Fujam todos os animais,
Brasa, cinza...
A minha sorte sou eu quem faz!
Brasa, cinza...
Queimem todos os animais,
Desde uma simples joaninha,

Até a onça mais voraz!
Brasa, cinza...
A minha sorte sou eu quem faz!
Brasa, cinza...
caoba, sibiriuna, jacarandá...
Não importa se é novinha,
Nem se é milenar,
Toda árvore vai arder,
Toda árvore vai queimar!
Brasa, cinza...
Nem adianta que os indígenas
Venham aqui reclamar...
Porque todo selvagem,
Eu vou civilizar!
Brasa, cinza...

ULÊ (*cantando triste*) –

Eu já chamei pela alegria,
das araras noite e dia,
Eu já brinquei na floresta...
E não consigo entender...
Todos os seres dessa mata,
Pertencem à mesma família,
Todos são meus irmãos
Respiramos o mesmo ar,

Recebemos o mesmo sol,
Eu não consigo entender...
Como pode um ser humano,
Não ter nenhum coração...
Eu não consigo entender...
Que pena que dá! Que dor no coração!
Minha mãe natureza! Peço desculpas!
Pela morte dos seus filhos, meus
irmãos aqui, nesta imensidão!
(*falando*)
Isto não pode ficar assim!

Ulê corre para o rio. Encontra Amborê.

AMBORÊ – Então quer dizer que você prefere pescar! Não, não precisa falar! Você ficou com medo e resolveu me fazer companhia... Acertei?

ULÊ – Amborê! A mãe tá pegando fogo!

AMBORÊ – A minha mãe tá pegando fogo?

ULÊ – Não!

AMBORÊ – A sua mãe tá pegando fogo? Quer dizer que você voltou para a aldeia?

ULÊ – Não! Eu não voltei para a aldeia, não!

AMBORÊ – E como é que você sabe que ela tá pegando fogo? Ilê e Imarê morreram?

ULÊ – Não é nada disso.

AMBORÊ – Então, o que é?

ULÊ – Amborê, me escuta. A nossa mãe corre perigo. A mãe de todos. Eu vi um caraíba botando fogo na mata.

AMBORÊ – Então temos de fazer alguma coisa.

ULÊ – Sim. Temos de apagar o fogo.

AMBORÊ – Como?

ULÊ – Não sei.

AMBORÊ – E se pegássemos as nossas cuias para apagarmos o fogo?

ULÊ – É impossível apagar tanto fogo com pouca água.

AMBORÊ – E se pedíssemos ajuda para a Cobra Grande?

ULÊ – Você não tem medo da Cobra Grande?

AMBORÊ – Olha, todo mundo tem medo da Cobra Grande. Ela até já roubou a noite uma vez...

ULÊ – Você sabe o que acontece com quem incomoda a Cobra Grande?

AMBORÊ – Se ela não gostar... Ela pode transformar a gente em alguma coisa... Eu acho que a gente tem de tentar. Se a floresta morrer, morreremos todos.

ULÊ – Então, está bem. Vamos pegar o coco de Tucumã.

Pegam o coco de Tucumã e iniciam um ritual. Começam a cantar e a dançar. A Cobra Grande sai de dentro do rio, dançando.

COBRA GRANDE – Quem vem me incomodar a essa hora?

ULÊ – Somos nós.

AMBORÊ – Seus netos, vovó.

COBRA GRANDE – Então vocês não sabem que devem respeitar os mais velhos?

ULÊ (*para Amborê que está paralisado de medo*) – Agora a gente vai se dar mal. Vamos, fala alguma coisa. Vê se se mexe!

Amborê continua paralisado.

ULÊ – Pronto. Sobrou para mim. (*para a Cobra Grande*) Vovó, sei que não devíamos ter lhe incomodado. Mas é que o assunto lhe diz respeito. Tem um caraíba que está colocando fogo na floresta. Os animais estão morrendo e se ele continuar com isso não restará mais nada.

COBRA GRANDE – Pois o assunto é mesmo muito importante... Vocês se mostram preocupados... E eu vou ajudá-los. Mas antes vocês precisam provar que têm coragem. (*pausa*) Atraiam esse caraíba para o rio.

ULÊ – Vovó, ele pode nos queimar.

COBRA GRANDE – É aí que vocês terão de provar que têm coragem. Vamos! Rápido, não há tempo a perder. Se vocês não conseguirem...

ULÊ – O que acontece com a gente?

COBRA GRANDE – Isso eu ainda não resolvi. Talvez eu transforme vocês em alguma coisa bem pequenininha, quem sabe uma minhoca...

ULÊ – Pode deixar que nós vamos conseguir, vovó.

COBRA GRANDE – Andem logo. Não há tempo a perder. Vou ficar aqui esperando.

A Cobra Grande dança, se espreguiça e fica deitada perto do rio.

ULÊ – Acorda, Amborê! Temos muito a fazer.

Vão para a floresta. Encontram o homem branco e se escondem.

HOMEM BRANCO – Brasa, cinza...

ULÊ (*finge ser o espírito de uma árvore*) – Quem está pondo fogo em mim?

HOMEM BRANCO – Quem está falando?

ULÊ – Sou eu! O espírito do jacarandá.

HOMEM BRANCO – Jacarandá tem espírito? (*se belisca*) Acho que estou ficando louco.

ULÊ – Agora você vai ver como é bom ser queimado.

HOMEM BRANCO – Estou ficando louco mesmo! Ao invés de cortar a árvore e aproveitar para vender a madeira, coloquei fogo!... Tenho de ser mais cuidadoso.

AMBORÊ (*finge ser o espírito de uma caoba milenar*) – Eu tenho mais de mil anos. E você vem me destruir...

HOMEM BRANCO – Quem está falando agora?

AMBORÊ – O espírito da caoba.

HOMEM BRANCO – Cale a boca! Você está me atrapalhando! Deixe-me fazer o meu serviço!

AMBORÊ – Você não conhece as leis da selva, conhece?

HOMEM BRANCO – Eu não sabia que a floresta tinha leis... Mas eu tenho um bom advogado, se precisar.

ULÊ – Quer dizer que não sabe o que acontece com quem maltrata a natureza?

HOMEM BRANCO – Não. Não sei!

AMBORÊ – Se você soubesse...

HOMEM BRANCO – O que é que acontece? Diga! Duvido que possa acontecer alguma coisa!

ULÊ – Bem... Já que você não sabe...

HOMEM BRANCO – Vamos parar de vez com essa história. Senão eu coloco fogo em toda a mata.

ULÊ – Por que o caraíba está botando fogo na mata?

HOMEM BRANCO – Para que eu possa plantar depois.

Ulê coça a cabeça.

ULÊ – Não disse que o caraíba é maluco? Primeiro, bota fogo e queima tudo. Depois tem o trabalho de plantar tudo de novo. (*para o homem branco*) O caraíba faz isso porque gosta de muito dinheiro, não?

HOMEM BRANCO – Sim.

ULÊ – O caraíba mata para poder ter dinheiro.

HOMEM BRANCO – Eu não estou matando ninguém.

AMBORÊ – E as árvores e os animais?

HOMEM BRANCO – Ah! Isso não conta.

ULÊ – O caraíba que enriquecer, não é?

HOMEM BRANCO – Sim.

AMBORÊ – Bem... Eu acho que daqui das alturas, vi alguma coisa brilhando lá perto do rio.

HOMEM BRANCO – Alguma coisa brilhando?

ULÊ – Sim.

HOMEM BRANCO – E que cor tinha essa coisa?

AMBORÊ – Tinha não. Tem. E é amarelo.

HOMEM BRANCO – Amarelo? É ouro?...

ULÊ – É muito bonita.

HOMEM BRANCO – E onde fica esse rio?

AMBORÊ – Só digo se o caraíba prometer que nunca mais vai pôr fogo na floresta.

HOMEM BRANCO – Prometo!

ULÊ – Então siga os primeiros indígenas que encontrar.

HOMEM BRANCO – Ouro! Eu quero ouro! Vou ser mais importante do que todos os reis. Todos vão me bajular. Sim! Vou seguir os indígenas. Sim. Eu seguirei. Eu não vou mais colocar fogo na floresta. (*para si*) Agora que ficarei milionário, contratarei empregados para isso.

Ulê e Amborê aparecem e o caraíba vai atrás deles. Os três vão para o rio. Ao chegarem lá encontram a Cobra Grande. Música e ritual da Cobra Grande. O homem branco olha para a Cobra Grande. Ele está hipnotizado. Começa a dançar de uma maneira esquisita. Vai caminhando em círculos para a boca da Cobra Grande.

COBRA GRANDE – Olhe bem dentro dos meus olhos.

HOMEM BRANCO – Que sono...

COBRA GRANDE – Os seus maiores desejos vão se realizar.

HOMEM BRANCO – Estou vendo uma verdadeira fortuna...

COBRA GRANDE – Entregue-se. Pode chegar mais perto.

HOMEM BRANCO – Que sensação maravilhosa...

COBRA GRANDE – Continue andando e terás toda a riqueza que desejar.

HOMEM BRANCO – Estou indo, estou indo...

COBRA GRANDE – Vem que a glória está te esperando.

HOMEM BRANCO – O prestígio, a glória, a fortuna...

COBRA GRANDE – O reconhecimento, o ouro, o prazer te aguardam.

HOMEM BRANCO – Todos me chamam de senhor. De mestre! Serei enredo de escola de samba.

COBRA GRANDE – Continue andando... Essa mina de ouro é um verdadeiro paraíso.

HOMEM BRANCO – Sim. Eu estou indo. Vou correndo. Já estou pronto.

A Cobra Grande dá o bote e come o homem branco.

COBRA GRANDE – Isto é o que acontece com quem não mede

a consequência dos seus atos. Que vocês aprendam com isso. Vou dormir.

ULÊ – Vovó, e como vamos apagar o fogo?

COBRA GRANDE – Vou fazer chover.

Começa uma tempestade.

AMBORÊ – Vovó, será que eu posso te pedir uma coisa?

COBRA GRANDE – Neto, cuidado com o que deseja.

AMBORÊ – Eu queria pegar um boto cor-de-rosa para levar para a aldeia.

COBRA GRANDE – Para que você quer um boto? Por acaso vai fazer algum feitiço de amor com os seus olhos?

AMBORÊ – Para levar como a grande caça no ritual da maioridade. Quero levar o maior peixe. Se depois que ele for comido, alguém quiser fazer algum feitiço com os seus olhos, que faça.

COBRA GRANDE – Meu neto, boto não é peixe. É mamífero. E nos dias de hoje os botos estão em extinção. Mostrar que tem coragem não quer dizer apenas pegar a maior caça e sim preservar o que corre o risco de acabar... Vocês provaram hoje que estão começando a entender o que eu disse. Falta ainda muito que aprender. Sigam os sinais e encontrarão os seus caminhos. Já vou.

ULÊ – Vovó, só mais uma coisa. A Imarê e a Ilarê correm risco de vida. Precisamos encontrar a planta que cura essa doença.

COBRA GRANDE – Você deve saber que para se tornar um pajé primeiro é preciso morrer e depois renascer.

ULÊ – Como assim, vovó?

COBRA GRANDE – Morrer em espírito. Ter os seus ossos separados do corpo. Ter a sua carne espalhada entre os espíritos que causam as doenças, para que eles se saciem. Descer ao inferno e depois subir ao céu. Então terá provado toda a sua bravura e competência para poder curar.

ULÊ – Como isso é possível?

COBRA GRANDE – Beba um pouco dessa bebida que eu coloquei no coco de Tucumã. Ela lhe levará ao transe necessário. As suas perguntas terão as respostas. Isto, se você for o escolhido.

A Cobra Grande entrega uma bebida para Ulê e se retira para dentro do rio, com o caraíba em sua barriga.

AMBORÊ – Você vai tomar essa bebida?

ULÊ – Não sei. Acho que deve ser muito dolorido esse ritual.

AMBORÊ – E se essa for a única forma de salvar as curumins?

ULÊ – Sei não. Acho tudo isso muito estranho. Se eu fosse o escolhido eu deveria saber.

AMBORÊ – Bem, se você quiser eu bebo essa bebida.

ULÊ – Você? Mas a Cobra Grande deu para mim.

AMBORÊ – Ela disse que se você for o escolhido. Pode ser que você não seja. Me dê essa bebida.

ULÊ – Não! Vamos fazer melhor! Nós dois tomamos! Depois, um pode ajudar o outro.

AMBORÊ – Está bem. Pode haver quantos pajés forem necessários em uma aldeia.

Os dois tomam a bebida e entram em transe.

ULÊ – Não estou conseguindo entender. Devo me guiar pelos sinais da natureza, foi o que o pajé e a Cobra Grande disseram.

Estou me guiando e nada. Mal consigo me manter em pé. E esses papagaios não largam da gente.

Sonho de Ulê e Amborê. Aparece um grande guerreiro munido de zarabatana e arco e flecha. Ele está perseguindo uma caça. É o Sol. Ele para na frente de Ulê. Está encantado com as papagaias.

SOL – Que belas aves!

PAPAGAIAS – Belas aves!

SOL – Repetem tudo o que eu digo.

PAPAGAIAS – Tudo o que eu digo.

SOL – Mba'e-pe ere-î-monhang e îkobo? Que está fazendo?

PAPAGAIAS – Mba'e-pe ere-î-monhang e îkobo? Que está fazendo?

SOL – Ere-só-pe 'y-gûasu-pe pira r-ekyîa? Vai para o rio grande apanhar peixe?

PAPAGAIAS – Ere-só-pe 'y-gûasu-pe pira r-ekyîa? Vai para o rio grande apanhar peixe?

O Sol começa a rir. Ulê e Amborê esfregam os olhos. Ficam encantados com a figura do Sol.

SOL – Como vocês se chamam?

AMBORÊ – Amborê.

ULÊ – Ulê. E o bravo guerreiro?

SOL – Eu sou o Sol.

AMBORÊ – É uma grande honra estar com o meu avô.

ULÊ – É uma grande honra conversar com o meu antepassado.

SOL – Pela pintura dos seus corpos vê-se que estão passando pelo ritual da maioridade.

ULÊ – Sim. Só que não sei se vou conseguir. Até agora não consegui nenhuma caça.

AMBORÊ – E eu não peguei o meu boto e nem vou pegar. Já não sei o que devo caçar. Mas sei o que não devo.

SOL – Venham comigo que eu lhes ensino onde vocês devem caçar e pescar.

ULÊ (*para si*) – Nem acredito que isto está acontecendo comigo.

Ulê e Amborê vão com o Sol para a oca dele, seguidos das duas papagaias. Lá eles encontram o Lua. Outro bravo guerreiro.

SOL – Lua, este é o Ulê e seu amigo Amborê. E estes são os seus papagaios.

LUA – Ulê, você tem belos pássaros. Como eles são divertidos! Repetem tudo o que a gente fala.

SOL (*para o Lua*) – Eles vão caçar e pescar conosco.

ULÊ – Gostaria de lhes dar de presente estes dois papagaios como um agradecimento pelo que estão fazendo por nós.

SOL – Eu gostei desse aqui.

LUA – E eu gostei do de cabeça amarela e corpo verde.

Empoleiram as aves e lhes dão grãos para comerem.

SOL – Vamos pescar.

AMBORÊ – Gosto muito de pirarucu, mas é um peixe muito difícil de apanhar.

Todos partem para o rio.

SOL – Vamos ver se você é rápido com a flecha.

LUA – Acabo de pescar um.

Eles pescam atirando as flechas no rio.

ULÊ – Eu quase peguei um. Mas ele fugiu.

AMBORÊ – Pescar é a minha habilidade. Temos de mexer nas águas com esse punhado de plantas. E, depois temos de fazer silêncio. Este ritual atrai os melhores peixes.

O Sol e o Lua riem.

SOL – Tem de ter agilidade e esperteza para pegar o peixe.

Passa-se um tempo.

ULÊ – Consegui um pirarucu.

Todos pegam mais peixes. Amborê é o último.

AMBORÊ – Eu também peguei um. O menor de todos.

LUA – Amborê, flechar o menor peixe às vezes é mais difícil e requer maior habilidade.

SOL – Ótimo! Vamos voltar para a oca.

Voltam para a oca e deixam os peixes na esteira.

LUA – Estou tão cansado que vou dormir.

SOL – Eu também.

ULÊ – Eu também.

AMBORÊ – Eu também.

PAPAGAIAS – Boa noite.

Eles se entreolham, riem e adormecem. Enquanto dormem, as papagaias se transformam nas indígenas Araruna e Araruanara. Elas pegam os dois meninos e puxam os seus corpos como se os estivessem cortando. Colocam os seus pedaços nas panelas e dançam. Ulê e Amborê se levantam e começam a dançar.

ARARUNA – Esta refeição será entregue aos espíritos que causam as doenças. Seus olhos devem ser retirados de seus corpos para que tenham uma visão do mundo espiritual. Para que possam ver o futuro. Tudo o que está acontecendo ficará nas suas memórias. Quando precisarem vocês recordarão. Cantem esta toada e observem.

ARARUANARA – A cabeça ficará nesta panela, para que possam curar todas as doenças relativas à cabeça. Desde uma simples dor até uma loucura.

ARARUNA – Todo o resto, do pescoço aos pés, ficam nesta outra panela.

ARARUANARA – Agora que a refeição está pronta, vocês devem descer ao inferno e ofertá-la aos espíritos que causam as doenças. Principalmente ao espírito que causa a doença de Imarê e Ilarê.

Ulê e Amborê pegam as panelas e descem ao inferno. Encontram um espírito coxo, um louco e um coberto de feridas, um vomitando, encontram espíritos com várias doenças.

ULÊ – Venham irmãos. Sentem-se conosco e apreciem as iguarias.

AMBORÊ – Fartem-se delas. Comam o quanto desejarem até se saciarem.

Os doentes comem para valer. Apenas um se recusa a comer.

ULÊ – Irmão, por que você não come com os outros?

DOENTE – Não gosto deste tipo de comida.

AMBORÊ – E o que você quer comer?

DOENTE – Uma sopa preparada com uma planta especial.

ULÊ – Onde nós podemos encontrar esta planta?

DOENTE – No recanto da floresta onde há uma clareira. Ela é rodeada de águas cristalinas. Perto de uma grande pedra de cristal rosa nasce uma flor única. Ela é saborosa e perfumada. Deve-se pedir licença aos seres das pedras e das águas para colhê-la. Deve-se realizar este ritual aos primeiros raios de sol, senão a flor murcha e seca antes do tempo de preparar o caldo. Ela só vive algumas horas por dia, depois morre e na lua cheia seguinte volta a nascer outra flor no lugar.

ULÊ – Pois eu vou agora mesmo atrás dessa flor.

AMBORÊ – Vamos.

Ulê e Amborê vão até as mulheres indígenas.

ARARUNA – Meninos, para se chegar a esta clareira vocês

precisam voar nas asas do Gavião Real.

ARARUANARA (*chamando*) – Gavião Real!!

O Gavião Real aparece.

ARARUANARA – Leva os meninos para o voo sagrado.

Os meninos seguem nas asas do Gavião Real.

ULÊ – Puxa! Como é alto aqui em cima.

AMBORÊ – Daqui a gente consegue ver toda a floresta.

ULÊ – O que são aqueles animais de ferro?

GAVIÃO REAL – São as máquinas que os caraíbas usam para extrair da floresta as suas pedras.

ULÊ – Mas assim eles estão destruindo tudo.

AMBORÊ – Olha! Tem alguns animais morrendo de fome e sem lugar para morar.

ULÊ – Como é triste fazer isso com a nossa mãe.

GAVIÃO REAL – Vocês precisam ter coragem para olhar o que está acontecendo e sabedoria para modificar.

AMBORÊ – E o que é aquela montanha de vento?

GAVIÃO REAL – Naquela montanha se reúnem todos os pajés, em sonhos, para as conferências que realizam na floresta.

ULÊ – Conferência? O que é isso?

GAVIÃO REAL – É quando eles se encontram para trocar as suas experiências.

AMBORÊ – Trocar experiências?

GAVIÃO REAL – Sim. Um fala para o outro das plantas que curam as doenças e como devem ser os rituais sagrados.

ULÊ – Vejam. Tem alguém acenando para nós.

GAVIÃO REAL – É o pajé da sua aldeia.

AMBORÊ – Como é que você consegue enxergar?

ULÊ – Ora, Amborê! Os gaviões enxergam lá de cima as presas que estão no chão. Eles possuem uma bela visão.

AMBORÊ – E você pode ensinar este segredo?

GAVIÃO REAL – Claro!

ULÊ – E para que você quer enxergar melhor?

AMBORÊ – Para poder pescar melhor.

ULÊ – O seu remédio é bom mesmo?

GAVIÃO REAL – Sim! Cura não só as doenças da vista, como pode fazer um cego enxergar. O segredo está no leite de jatobá. Eu posso dar uma mostra para vocês.

ULÊ – Eu quero sim!

Ao chegarem na clareira encontram a Dona Onça Acanguçu que guarda o caminho. O Gavião Real vai embora.

GAVIÃO REAL – Adeus meninos!

Os meninos acenam para o Gavião Real e caminham para a entrada da clareira.

ONÇA ACANGUÇU – Quem vem lá que quer entrar sem ser convidado?

ULÊ – Ué! Como eu posso ser convidado, se você não me conhece?

AMBORÊ – Nós somos da paz. Viemos pedir permissão para colher a flor única.

ONÇA ACANGUÇU – Eu apenas guardo o caminho. Só deixo entrar quem os seres da água e da rocha permitirem.

ULÊ (*para Amborê*) – Esta Onça Acanguçu é burra. (*para a Onça Acanguçu*) Como é que eles vão permitir se eles não nos conhecem?

ONÇA ACANGUÇU – Então ninguém passa.

ULÊ – Dona Onça Acanguçu. Você não se cansa de ficar aqui vigiando o tempo todo?

ONÇA ACANGUÇU – Não! Não me canso, não!

ULÊ – Amborê, você se lembra daquele caranguejo?

AMBORÊ (*para Ulê*) – Que história é essa de caranguejo?

ULÊ – Pois eu vou contar para a dona Onça Acanguçu. O caranguejo consegue tirar os olhos dele e levá-los para lugares que ele não consegue ir. É uma maneira de estar em dois lugares ao mesmo tempo.

AMBORÊ – Ah!... O caranguejo... É mesmo. Todo dia ele visita um lugar diferente só com os olhos.

ONÇA ACANGUÇU – Como assim?

ULÊ – Ele fala umas palavras mágicas. Arranca os olhos e depois os coloca no lugar de novo.

ONÇA ACANGUÇU – Duvido que isso possa acontecer.

ULÊ – Pois é verdade e ele me ensinou o segredo.

ONÇA ACANGUÇU – Pois prove! Quero ver você arrancando os olhos do seu amigo e depois colocando de volta.

ULÊ – Está bem. Vem aqui Amborê.

AMBORÊ – Ulê!... O que é que você vai fazer?...

ULÊ (*para Amborê*) – Não se preocupe. Apenas esconda os olhos com as mãos. Não vou arrancar, não. É só de mentirinha.

Ulê finge que arranca os olhos de Amborê.

ULÊ – Ikacthibum! Ikacthiguem!

AMBORÊ (*grita*) – Aiiiiiiiii!!!!

Amborê esconde os olhos com as mãos.

AMBORÊ – Isso dói muito.

ONÇA ACANGUÇU – Vocês estão me enrolando.

ULÊ – Não estamos, não.

ONÇA ACANGUÇU – Então eu quero que o seu amigo me descreva o recanto sagrado.

ULÊ – Claro! Amborê, leva os seus olhos aí para dentro.

AMBORÊ – Já levei.

ONÇA ACANGUÇU – Para onde você levou os seus olhos?

AMBORÊ – Para dentro da clareira.

ONÇA ACANGUÇU – Então diga o que você está vendo.

AMBORÊ – Este recanto da floresta tem uma clareira cercada de águas cristalinas. Perto tem um grande cristal rosa de onde nasce uma flor única.

ONÇA ACANGUÇU – É verdade. Como é que você sabe disso?

ULÊ – Amborê viu com os próprios olhos.

AMBORÊ – Com meus próprios olhos.

ONÇA ACANGUÇU – Pois eu gostaria de ver outros lugares.

ULÊ – Se a dona Onça Acanguçu quiser... A dona Onça Acanguçu pode ver.

ONÇA ACANGUÇU – Como assim? Antes eu quero ver os olhos dele no lugar de novo.

Ulê vai até o Amborê e finge que coloca os olhos no lugar de novo.

AMBORÊ – Aiiii. Isso dói muito, mas vale.

ONÇA ACANGUÇU – Mostra os olhos para mim. Hum! Estão realmente no lugar. Você está vendo tudo direitinho?

AMBORÊ – Estou e muito melhor!

ONÇA ACANGUÇU – Bem. Eu também quero viajar com os meus olhos.

ULÊ – Só que você vai ter que aguentar a dor.

ONÇA ACANGUÇU – Eu sou valente. Vamos. Arranca os meus olhos.

ULÊ – Vai Amborê. Arranca os olhos da Dona Onça Acanguçu.

AMBORÊ – Eu não! Arranca você.

ONÇA ACANGUÇU – Faz assim. Você diz as palavras mágicas e eu mesma arranco os meus olhos.

ULÊ – A dona Onça Acanguçu é quem sabe. Ikatchibum, Ikatchiguem. Os seus olhos vão viajar... Ikatchiguem, Ikatchibum, vão para onde a dona Onça Acanguçu os mandar.

A Onça Acanguçu arranca os olhos e urra de dor.

ONÇA ACANGUÇU – Vocês me pagam. Agora eu não posso enxergar.

ULÊ – Não se preocupe. O Gavião Real me ensinou um remédio que é tiro e queda. Você vai ficar assim só por uns momentos.

AMBORÊ – Peço licença aos seres deste lugar tão especial, para entrarmos.

ULÊ – Salve as águas cristalinas que purificam todas as coisas.

AMBORÊ – Salve as pedras que determinam todas as coisas.

ULÊ – Rápido, o sol já está nascendo.

AMBORÊ – Aqui está a flor.

ULÊ – Bem a tempo.

Colhem a flor e Ulê tira um remédio de um saco.

ULÊ – Dona Onça Acanguçu, o remédio que cura os seus olhos está aqui.

ONÇA ACANGUÇU – Aqui onde? Eu não posso enxergar.

ULÊ – Se a Onça prometer que não vai fazer nenhum mal para a gente, eu a curo.

ONÇA ACANGUÇU – Que remédio... Aceito. Me devolve a visão que eu não faço nenhum mal.

Ulê coloca o remédio nos olhos da Onça.

ONÇA ACANGUÇU – Agora eu já posso ver de novo. Saiam da minha frente antes que eu mude de ideia. E se voltarem aqui eu não respondo por mim.

AMBORÊ – Vamos voltar correndo para preparar o caldo para aquele doente.

Eles voltam para o banquete dos doentes.

ULÊ – Irmão, aqui está a sua comida preferida. Pode comê-la.

DOENTE – Muito obrigado. Eu estou com muita fome, mesmo.

O doente se farta com a comida. Os dois retornam. Encontram as indígenas feiticeiras.

ARARUNA – Vejo que vocês se saíram muito bem nessa missão.

ARARUANARA – Vocês conseguiram o que é muito difícil. Encontrar a Flor Única. Agora vocês vão dormir e não vão se lembrar do que aconteceu.

As indígenas colocam os pedaços dos corpos dos dois no lugar. Ritual.

ARARUNA – Coloco de volta ao lugar todos os ossos desconjuntados.

ARARUANARA – Coloco todos os órgãos separados.

ARARUNA – Que de hoje em diante vocês tenham a sabedoria para curar todas as doenças.

ARARUANARA – Está faltando um pedaço.

ARARUNA – Que este pedaço que falta sirva para vocês entenderem que ninguém no mundo é perfeito. E procurarem a perfeição.

Ulê e Amborê voltam a dormir. As indígenas preparam o peixe pirarucu. Em seguida se transformam novamente em papagaias. Ao acordarem todos levam um susto.

SOL – O que quer dizer isso? A comida pronta?

LUA – Ulê, você preparou a comida?

ULÊ – Não, eu não sei de nada,

LUA – Foi você Amborê?

AMBORÊ – Eu? Eu estava dormindo um sono profundo.

ULÊ – Nossa! Estou com o corpo todo doído. Como se tivessem me quebrado inteiro. Sinto um vazio dentro de mim.

AMBORÊ – Eu estou como se meu corpo tivesse sido feito em pedacinhos. Como se estivesse faltando alguma coisa.

LUA – Bem se alguém preparou a nossa comida devemos provar.

SOL – Até que ela está saborosa.

Todos comem.

SOL – Vamos ver se agora pegamos uma caça. Preparem seus arcos e flechas.

LUA – Agora vamos caçar.

ULÊ – Era isso que eu queria ouvir. Quero ver se levo um grande cervo para a aldeia.

Saem. As papagaias se transformam em indígenas e arrumam toda a oca enquanto estão sozinhas. No caminho para a caça o Lua fica intrigado.

LUA – Quem você acha que entrou?

SOL – Ninguém entrou na nossa oca. Eu saberia. Sempre deixo na porta da entrada uma madeira que quando é pisada imita o som de bem-te-vi. Se alguém tivesse entrado eu saberia.

LUA – O que aconteceu, então?

SOL – Isso eu não sei. Mas vou descobrir. Agora vamos caçar.

LUA – Primeiro passamos um pouco de jenipapo pelo corpo e dançamos a dança da caça.

Fazem o ritual.

SOL – Agora é esperar pela caça.

Um rumor acontece. As folhas da floresta se mexem. Os quatro estão como estátuas. Aparece um filhote que atravessa o palco. Eles não se movem. Aparece uma fêmea, ela chama pelo filhote, ele vem para perto dela. Os animais saem do palco. Entra um cervo grande. Os quatro fazem pontaria. Ulê e Amborê atiram a flecha certeira. O cervo cai. Os quatro vão em direção à caça.

ULÊ – Agora vamos repartir a caça.

SOL – Vocês respeitaram a natureza e devem receber o seu prêmio.

LUA – Pedimos para a mãe natureza mandar primeiro um filhote e depois a sua mãe. Queríamos testar vocês.

SOL – Agora vocês podem colocar a caça na esteira para levá-la à aldeia.

ULÊ – Antes eu queria me despedir dos papagaios.

AMBORÊ – Eu gosto deles.

LUA – Pois vamos logo. Quero ver o que está acontecendo na oca.

Ao chegarem na oca encontram duas lindas indígenas que estão preparando a comida.

SOL – Quem são vocês?

ARARUNA – Somos as papagaias.

LUA – Então foram vocês que fizeram a nossa comida.

ARARUANARA – Sim. Vimos que vocês estavam cansados e resolvemos ajudar.

SOL – Vocês são bem bonitas.

ARARUANARA – Podemos ficar aqui e cuidar de vocês.

Lua joga um pedregulho perto da papagaia. Ela pega o pedregulho e joga perto do Lua. O Sol faz a mesma coisa com a outra indígena que lhe responde do mesmo jeito.

LUA – Está na hora de nos casarmos, Sol.

SOL – Sim. Eu estava mesmo muito solitário.

LUA (*para a Araruna*) – Por favor, não se transforme mais em papagaia.

Lua joga uma flor para a sua indígena. Ela a pega e os dois se beijam.

LUA – Quero me casar com você.

ARARUNA – Aceito.

Sol joga uma flor para a Araruanara. Ela a pega e a beija.

SOL – Quero me casar com você.

ARARUANARA – Quero ser a sua companheira.

Fazem uma festa para o casamento. Todos dançam e cantam.

ARARUNA – A oca vai ficar muito pequena para nós quatro.

ULÊ – E se vocês se revezassem?

ARARUNA – Como assim?

ULÊ – O Sol usa a casa durante a noite e o Lua durante o dia.

ARARUNA – Gostei da proposta.

ARARUANARA – Aceito.

ULÊ – Bem, agora podemos ir embora. Só queria me despedir de vocês.

AMBORÊ – Vocês são as indígenas mais bonitas que conhecemos.

ARARUANARA – Que o Grande Espírito sempre os guie.

ARARUNA – Sempre os guiem.

Eles riem.

SOL – Ulê, leva este cocar como presente.

ULÊ – Muito obrigado.

LUA – Amborê, leva este para você.

AMBORÊ – Obrigado.

O Sol e o Lua saem de cena com as suas mulheres.

ULÊ – Temos de levar a nossa caça para a aldeia.

AMBORÊ – Como ela é pesada.

ULÊ – Veja que clareira bonita.

AMBORÊ – Parece que já estive aqui.

ULÊ – Cuidado. Eu vi uma onça.

AMBORÊ – Onde?

ULÊ – Logo ali. Escuta o respiro da mata.

AMBORÊ – A mata está silenciosa demais. Os animais estão se escondendo do perigo. É certo que tem uma onça aqui.

ULÊ – Prepare o seu arco. Pode ser que ela queira pegar a nossa caça.

AMBORÊ – Quem gosta de caça morta é urubu. Ela está atrás da gente.

Ficam esperando o ataque da onça com o arco e a flecha nas mãos.

ULÊ – Já está anoitecendo. Temos de ficar alertas.

AMBORÊ – Vamos descansar aqui, em cima desta árvore.

ULÊ – Onça sobe em árvore.

AMBORÊ – Mas é mais fácil para nós dois. De cima podemos vê-la e nos defender.

ULÊ – Tá bem.

Ficam em cima da árvore. A onça aparece. Vai para cima deles.

ULÊ – Ela está se aproximando.

AMBORÊ – Atira.

Os dois atiram e acertam a onça.

AMBORÊ – Vamos levá-la para a aldeia.

ULÊ – Vamos.

Descem da árvore e encontram uma clareira bem bonita cercada de pequenas cachoeiras de águas cristalinas.

ULÊ – Este lugar parece o céu.

AMBORÊ – E essas águas parecem que querem ninar a gente. Estou com sono. Vou armar a minha rede.

ULÊ – Amanhã nós continuamos.

Dormem e sonham. Imarê e Ilarê são jovens e bonitas. Estão com os dois deitados em seus colos.

IMARÊ – Pássaro que voa longe traz para mim o meu amor.

ILARÊ – Que seja corajoso e sensível e não esqueça a minha flor.

IMARÊ – Que o vento e a ventania falem ao seu pensamento.

Acordam do sonho. Já está amanhecendo.

ULÊ – Acorda, Amborê. Temos de seguir viagem.

AMBORÊ (*dormindo*) – Cadê a refeição dos papagaios?

ULÊ – Acorda! O sol já vem nascendo.

AMBORÊ (*esfregando os olhos com as mãos*) – Que lindo é esse lugar.

ULÊ – Sim. É lindo. Mas precisamos voltar para a aldeia agora. Hoje já faz uma semana que partimos.

AMBORÊ – Aqui parece o céu.

ULÊ – Sim! Parece o céu.

AMBORÊ – Que cristal rosa lindo.

ULÊ – É. Podemos ficar aqui mais um pouco.

AMBORÊ – Veja que flor linda! Nunca vi essa flor antes na minha vida.

ULÊ – Nem eu.

AMBORÊ – Será que essa é a flor que cura a Imarê e Ilarê?

ULÊ – Pode ser que sim.

AMBORÊ – Melhor a levarmos para o pajé.

ULÊ – Sabe do que mais? Tive um sonho com a Imarê e ela me pedia uma flor. Deve ser essa.

AMBORÊ – Vamos colhê-la e levá-la. Já está amanhecendo.

ULÊ – Vamos.

Eles colhem a flor e a levam para a aldeia junto com o cervo, a onça e os cocares. Avistam o pajé.

PAJÉ – Que bom que voltaram.

ULÊ – Pajé, encontramos essa flor para se preparar um caldo para a Imarê e Ilarê.

PAJÉ – Hum... Essa deve ser a flor que nasce perto da rocha de cristal rosa.

AMBORÊ – Como o pajé sabe?

PAJÉ – Eu também já fui iniciado como vocês. Ulê, o seu cocar foi presente de quem?

ULÊ – Do Sol.

PAJÉ – Amborê, e o seu?

AMBORÊ – Do Lua.

PAJÉ – Quem encontrou a flor?

ULÊ – Nós dois encontramos a flor.

PAJÉ – Vejo que o Grande Espírito enviou para nossa aldeia não apenas um pajé, enviou dois. Ulê, você será responsável por todos os rituais sagrados durante o dia. Pois você tem a proteção do Sol. Amborê, você será responsável por todos os rituais durante a noite. Você tem a proteção do Lua. A flor que vocês trouxeram é a flor da cura das curumins, Imarê e Ilarê.

O pajé sai com a flor. Os dois ficam se admirando com o cocar na cabeça.

ULÊ – Até que você ficou bonito.

AMBORÊ – É. Você ficou bonito também.

O pajé entra com as curumins curadas. Eles acendem a fogueira. Colocam a caça em cima dela. Todos dançam e cantam ao redor da fogueira.

FIM

© 2020 Léa Chaib
Todos os direitos desta edição reservados à Laranja Original.

www.laranjaoriginal.com.br

Editores Filipe Moreau
Projeto gráfico Marcelo Girard
Produção executiva Gabriel Mayor
Diagramação IMG3

Dados Internacionais de Catalogação na Publicação (CIP)
(Câmara Brasileira do Livro, SP, Brasil)

Chaib, Léa
   Amazônica : peça teatral / [texto] Léa Chaib. –
1. ed. – São Paulo : Laranja Original, 2020.

ISBN 9786586042061

1. Índios da América do Sul - Teatro
(Literatura) - Brasil 2. Rituais indígenas
3. Teatro folclórico brasileiro I. Título.

20-35763   CDD-B869.2

Índices para catálogo sistemático:
1. Teatro : Literatura brasileira B869.2
Maria Alice Ferreira - Bibliotecária - CRB-8/7964

Laranja Original Editora e Produtora Ltda.
Rua Capote Valente, 1.198 – Pinheiros
São Paulo, SP – Brasil
CEP 05409–003
Tel. 11 3062–3040
contato@laranjaoriginal.com.br

Papel Pólen 90 g/m²
Impressão Forma Certa
Tiragem 150 exemplares